바다에 빠지다, 크루즈에 빠지다

LOVE IN CRUISE

송규원, 캡틴 루크 지음

차례

01   **서부 지중해**   6
MSC - 월드 유로파
버진 보야지 - 스칼렛 레이디

02   **동부 지중해**   24
프린세스 크루즈 - 선 프린세스

03   **북유럽**   36
MSC - 유리비아

04   **영국**   48
NCL - 던

05   **성지 순례**   60
NCL - 비바

06   **중동**   70
MSC - 유리비아

07   **아시아**   82
로얄 캐리비안 - 앤썸
MSC - 밸리시마

08   **호주 & 뉴질랜드**   98
프린세스 크루즈 - 로얄 프린세스
프린세스 크루즈 - 디스커버리 프린세스

09   **카리브해**   114
디즈니 - 디즈니 트레저
로얄 캐리비안 - 아이콘

10   **알래스카**   130
프린세스 크루즈 - 마제스틱 프린세스

시작하며

모든 것이 빠르게 변해가는 요즘 여행을 통해 나만의 안식과 힐링을 찾는 사람들이 늘고 있습니다.

특별한 여행을 꿈꾸는 여행자들에게 크루즈 여행은 여행의 새로운 패러다임을 제시하며 특별한 삶의 여정을 꿈꾸게 합니다.

이 책은 크루즈 여행을 알아보고자 하는 분들에게 유용한 정보를 제공하는 것은 물론이고 아직 알려지지 않은 크루즈의 매력을 보여줄 것입니다.

카페에 앉아 커피를 마시는 사람들의 모습이 어디에서나 볼 수 있는 흔한 풍경이 되었듯 크루즈 여행 역시 우리나라에서 대중적인 여행의 한 형태로 자리잡게 되리라 기대합니다.

즐거운 크루즈 여행이 되길 바랍니다.

송규원 & 캡틴 루크

무빙시티 네이버 블로그   무빙시티 네이버 밴드

Love in cruise

01

유럽의 찬란한 역사와
아름다운 바다를 한번에

서부 지중해

서부 지중해 크루즈는
매년 약 400만 명이나 이용하는
가장 인기있고 만족도 높은 코스이다.
서유럽의 대표 여행지인
이탈리아, 스페인, 프랑스를 한 번에
방문할 수 있다.

Napoli, Italy

서부 지중해

WESTERN MEDITERRANEAN SEA

사람들은 여행이란 왜 하는 것이냐고 묻는다.
언제나 충만한 힘을 갖고 싶으나 그렇지 못한 사람들에게
여행이란 아마도 일상적 생활 속에서 졸고 있는 감정을
일깨우는 데 필요한 활력소일 것이다.

장 그르니에 <섬> 중

Cannes, France

주요 기항지

마르세유 Marseille
프랑스에서 파리 다음으로 오래된 도시 마르세유에서는 해발 150m에 위치한 노트르담 성당에 올라 올드 항구와 마르세유 도시 전체를 내려다 볼 수 있다. 300년 넘은 건물에 들어선 공방과 알록달록한 그래피티 등 볼거리가 가득한 파니에 지구, 지중해의 역사를 한 눈에 보여주는 유럽 지중해 문명 박물관 등도 방문할 수 있다.

칸 Cannes
칸은 세계적인 국제 영화제로 유명한 남프랑스의 휴양지이다. 언덕 높은 곳에 있는 카스트르 박물관에서 칸을 한 눈에 담을 수 있고 남아메리카와 아프리카 등에서 수집한 전통 악기와 조각상도 볼 수 있다. 또한 칸에서 가장 큰 마켓인 포르빌 시장과 칸 영화제가 개최되는 팔레 데 페스티벌 에 데 콩그레, 동네 식료품 상점이 옹기종기 모인 메이나디에 거리 등을 여행할 수 있다.

바르셀로나 Barcelona
스페인의 바르셀로나는 세계적인 건축가 가우디의 도시라고 할 수 있다. 까사 밀라, 까사 바트요, 구엘 공원, 사그라다 파밀리아 등 기하학적이면서 놀라운 가우디의 건축물을 살펴보고 시간의 여유가 있다면 근교의 몬세라트 수도원을 방문하는 것을 추천한다. 몬세라트는 검은 성모상과 합창단으로 유명하며 가우디에게 건축의 영감을 준 곳이다.

팔마 데 마요르카 Palma de Mallorca
팔마데마요르카는 발레아레스 제도의 수도로 유럽인들이 사랑하는 휴양지이다. 팔마 해안이 내려다 보이는 강렬한 태양빛에 밝게 빛나는 모습 때문에 '빛의 성당'이라 불리는 마요르카 대성당과 서부 마을 발데모사에 있는 쇼팽과 그의 연인이 머물렀던 수도원을 주로 방문한다. 또한 마요르카는 스페인의 가장 큰 섬이자 음악가 안익태 선생이 살던 곳으로도 알려져 있다.

이비자 Ibiza
발레아레스 해의 푸른빛을 품고 있는 이비자는 활기찬 밤문화와 아름다운 해변으로 유명한 곳이다. 이비자에서는 오랜 역사와 예술을 간직한 산타 마리아 대성당을 둘러볼 수 있고 12세기에서 13세기 사이에 지어진 요새인 이비자 성에 올라 아름다운 전망을 볼 수 있다. 작지만 에메랄드 빛을 자랑하는 깔라 꼼데 해변이나 페리를 타고 들어가야 하는 고즈넉한 포르멘테라 섬을 여행할 수도 있다.

제노바 Genova

아름다운 해안선과 항구로 유명한 제노바에서는 가리발디 거리와 콜럼버스의 생가, 두칼레 궁전, 두오모 성당, 멋진 분수대를 볼 수 있는 페라리 광장 등을 둘러보거나 제노바 한 시간 거리의 친퀘테레를 방문할 수도 있다. 친퀘테레는 이탈리아 리비에라에 있는 절벽과 바위로 이루어진 해안으로 아름다운 다섯 마을로 이뤄져 있으며 완행 열차를 타고 둘러볼 수 있다.

나폴리 Napoli

나폴리는 이탈리아 남부 도시로 역사, 예술, 미식의 즐거움이 어우러진 곳이다. 세계 3대 미항인 나폴리 항구는 꼭 봐야하며 푸니쿨라를 타고 엘모성에 오르면 아름다운 전망과 함께 사진을 찍을 수 있다. 근교에 화산 폭발로 묻혀있었던 고대 도시 폼페이나 아름다운 해안으로 유명한 아말피, 문화 예술도시이자 휴양도시인 소렌토까지 있어 다채로운 도시로 여행이 가능하다.

메시나 Messina

영화 '대부'로 유명한 시칠리아에서도 북동부에 위치한 메시나는 이탈리아의 다양한 역사를 엿볼 수 있는 곳으로 아름다운 항구 도시이다. 화려한 건축물이 있는 메시나 대성당과 토레 델 오롤로지오의 천문 시계, 이탈리아 초기 바로크 대표 작가인 카라바조 그림이 있는 메시나 박물관과 아름다운 두오모 성당을 둘러 볼 수 있다. 또한 타오르미나에서는 지중해를 품은 아름다운 그리스 원형 극장을 볼 수 있다.

발레타 Valletta

지중해의 작은 섬나라인 몰타의 수도 발레타는 유럽에서 가장 작은 수도로 도시 전체가 유네스코 세계문화유산으로 지정된 곳이다. 거대한 엘리베이터를 타고 올라가서 어퍼 바카라 정원과 트리톤 분수, 발레타 구시가지, 성요한 대성당, 몰타 기사단장 궁전을 구석 구석 둘러볼 수 있다. 몰타의 옛 수도이자 미드 왕좌의 게임의 촬영지로 알려진 고대 도시 임디나와 성벽도 꼭 가봐야하는 곳이다.

파도 소리와 돛이 펄럭이는 소리가 들렸다.
바다 위에 떠 있던 달도 보였고,
보드랍고 때로는 거칠게 남쪽에서 불어오던 뜨거운 바람도 느껴졌다.
엷은 욕망의 파도가 몸을 관통했다.

케이트 쇼팽 〈각성〉 중

Valletta, Malta

MSC
WORLD EUROPA

MSC 월드 유로파는 MSC의 월드 클래스 중 첫 번째 배로 2022년 11월 카타르의 수도인 도하의 크루즈 터미널에서 명명식이 거행되었다. 월드컵 기간에 호텔로 이용했고 월드컵이 끝난 뒤 중동에서 첫 항해를 시작했다. 5성 크루즈인 월드 유로파는 해양 연료 중 가장 오염이 적은 LNG를 이용하는 등 환경 보호에 앞장서고 있으며, Y자 모양의 선미와 11개 층을 관통하는 나선형 드라이 슬라이드와 104m의 프롬나드 등 획기적이고 혁신적인 디자인으로도 주목 받았다.

Numbers

215,863톤
총 톤수

6,762명
총 승선객

22층
층수

2,138명
총 승무원

333m / 47m
길이/너비

2,626개
총 객실수

2022년 12월 20일
처녀운항

11층에 걸쳐있는
<나선형 슬라이드>

선미에 위치한 멋진
<파노라마 라운지>

다양한 공연과 이벤트를 즐기는
<루나 파크 아레나>

스트레스를 날려주는
<아우레아 스파>

바다 위에서 여유롭게 즐기는
<수영장>

VR 기술을 적용한
<오로라 보레알리스 아쿠아 파크>

최첨단 건식 슬라이드
<베놈>

고전적인 분위기에서 정찬을
<라 포글리아>

천연 재료를 사용하는
<셰프스 가든 키친>

신선한 일식을 먹고 싶다면
<카이토 테판야끼>

선내 최초 수제 맥주를 양조하는
<마스터 오브 더 씨>

동양의 향기가 가득한
<라즈 콜로 티 하우스>

Genova, Italia

진정한 여행이란
새로운 풍경을 보는 것이 아니라
새로운 눈을 가지는 것이다.

마르셀 프루스트

VIRGIN VOYAGES
SCARLET LADY

스칼렛 레이디는 버진 보야지 크루즈 라인의 첫번째 선박이다. 2021년도에 운항을 시작했으며 날렵하고 화려한 요트를 본떠 외형을 설계했다. 내부 공간은 동시대 최고의 인테리어 디자이너들이 참여해 18세 이상의 성인만 탑승할 수 있는 스칼렛 레이디에 최적화한 디자인을 구현했고 각종 웰빙 프로그램과 실험적인 식당 등 혁신적인 편의 시설을 제공한다. 또한 피트니스 클래스, 청량 음료를 비롯해 일반 크루즈에서 유료로 제공하는 서비스를 무료로 제공한다.

Numbers

110,000톤
총 톤수

2,770명
총 승선객

17층
총수

1,160명
총 승무원

277.2m / 38m
길이 / 너비

1,410개
총 객실수

2021년 6월 10일
처녀운항

한가롭고 여유롭게 즐기는
<수영장>

다양한 스토리텔링으로
눈과 귀에 즐거움을 선사하는
<극장>

다양한 각종 게임을 즐기는
<카지노>

복싱 링, 코트 등
각종 운동시설이 가득한
<아틀랜틱 클럽>

특별판과 한정판 앨범을
직접 들을 수 있는 레코드 가게
<바이닐>

배에서 시원한 바람을 맞으며
달릴 수 있는 조깅트랙
<런웨이>

멋진 전망과 함께 즐기는
스테이크 하우스
<웨이크>

햇볕이 잘 드는 곳에서
캐주얼한 식사를 즐길 수 있는
<래즐 대즐>

멕시코 시티의 활기 넘치는
거리로 데려가주는
<핑크 아가베>

한국식 바비큐와 소주를
즐길 수 있는
<건배>

이탈리아 음식으로
풀코스가 가능한
<엑스트라 버진>

식당이자 색다른 요리 학교로
독특한 음식을 시도해볼 수 있는
<테스트 키친>

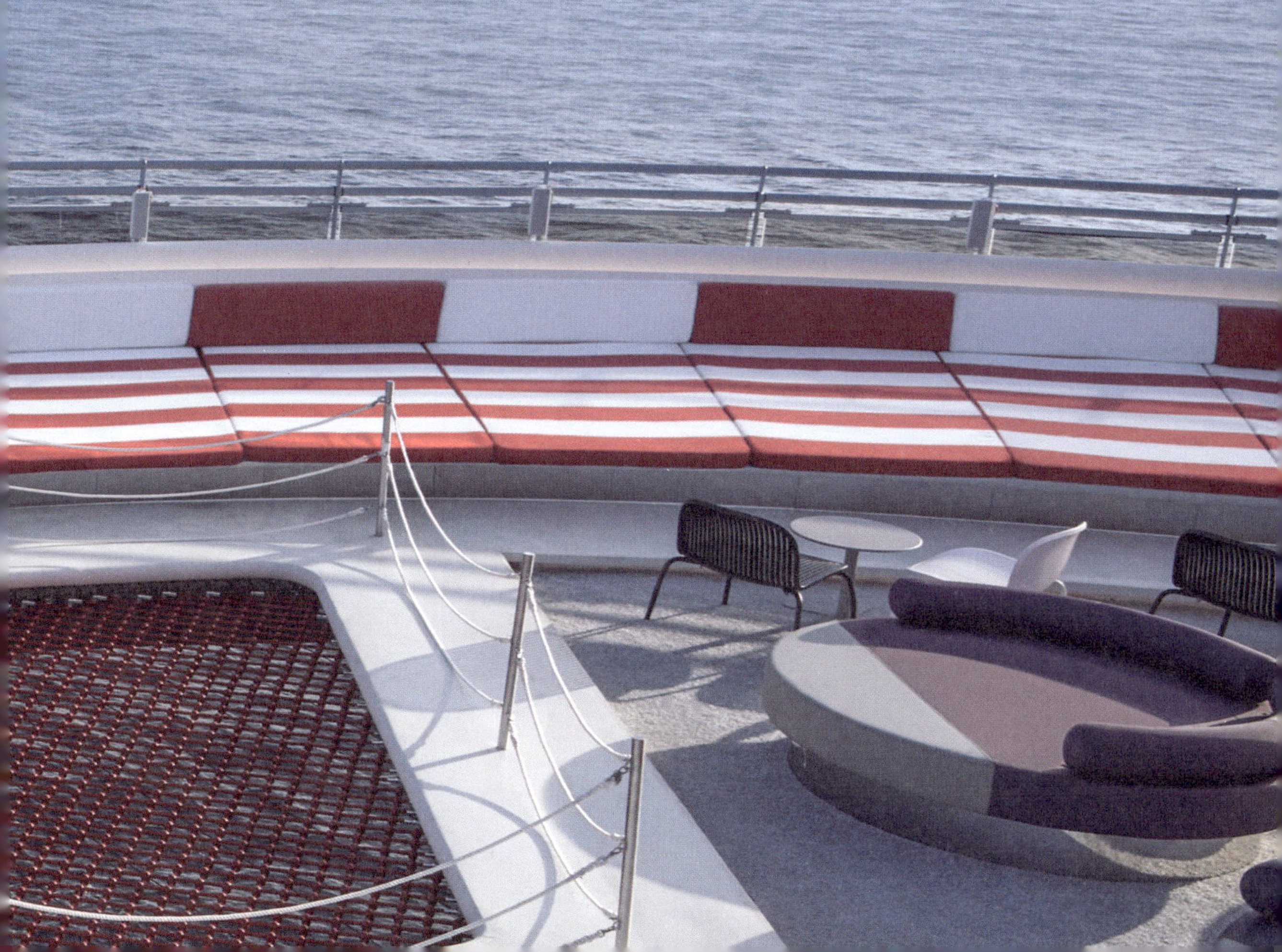

02

눈부신 태양과 푸른 바다가 빚어내는 그림 같은 풍경

동부 지중해

동부 지중해 크루즈는 푸른 바다를 배경으로 여행하기 어려운 아름다운 섬들을 방문할 수 있어 매력적이다.
크로아티아, 그리스, 이탈리아 등의 도시를 위주로 여행하며 이색적인 풍경을 선사한다.

Kotor, Monte negro

동부 지중해

Mykonos, Greece

EASTERN MEDITERRANEAN SEA

바다, 가을의 따사로움, 빛에 씻긴 섬, 영원한 나신 그리스 위에 투명한 너울처럼 내리는 상쾌한 비. 나는 생각했다. 죽기 전에 에게 해를 여행할 행운을 누리는 사람에게 복이 있다고.

니코스 카잔차키스 <그리스인 조르바> 중

주요 기항지

01
이스탄불 Istanbul

이스탄불에서는 15세기 말부터 19세기 중반까지 오스만 제국의 국왕들의 거처였던 톱카프 궁전과 톱카프 궁전 보석관을 둘러볼 수 있다. 보석관의 마지막 홀에는 모세의 지팡이와 세례요한의 손 뼈, 다윗의 검이 전시되어 있다. 교회로 지었지만 지금은 이슬람 사원이 된 성소피아사원과 그랜드바자르, 오벨리스크 등은 꼭 한번 방문하면 좋을 곳이다.

02
로마 Rome

로마는 세계적으로 유명한 역사적인 유물과 건축물이 가득한 도시이다. 고대 로마 제국의 유적인 콜로세움과 포로 장관의 정원인 로마 포럼을 탐험할 수 있다. 또한 바티칸 시국의 성 바실리카와 시스티나 성당은 예술과 종교의 거장들의 작품을 감상할 수 있는 곳이다. 로마는 놀라운 역사와 문화적인 경험을 제공하여 방문객들에게 잊지 못할 여행을 선사한다.

03
미코노스 Mykonos

키클라데스 제도의 하얀 보석인 미코노스는 수백 개의 작은 예배당, 하얀 건물, 곳곳에 있는 아름다운 풍차로 유명하다. 좁은 거리의 미로가 매력적이며 전통적인 생활을 엿볼 수 있는 미코노스 타운을 산책하는 것을 놓치지 말아야 한다. 에게해 한가운데에 있는 작은 천국을 만끽해보자.

04
코토르 Kotor

코토르는 지중해의 숨은 보석이라고 불리는 몬테네그로의 해안 도시이다. 유네스코 세계유산으로 지정된 아름다운 중세 성곽 도시로 르네상스와 바로크 양식이 섞인 건축물을 도시 곳곳에서 볼 수 있다. 성 트뤼폰 성당, 시계탑, 코토르 옛 시가지와 아름다운 전경을 내려다 볼 수 있는 코토르 요새 등을 둘러볼 수 있다.

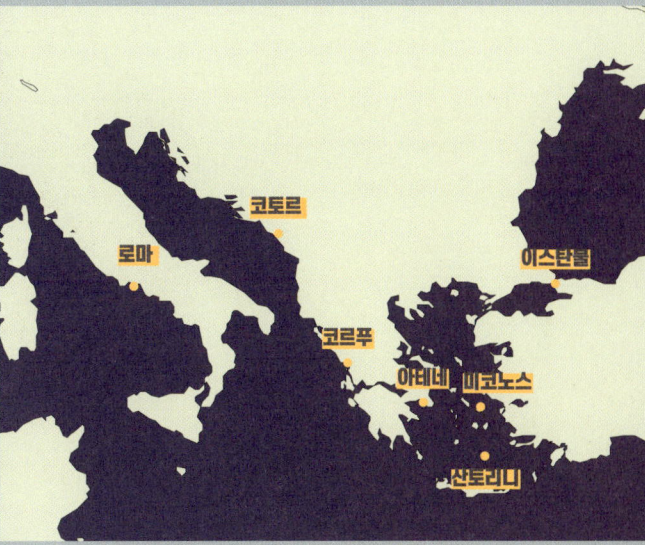

05
아테네 Athens

그리스의 수도 아테네에서는 랜드마크인 아크로폴리스에 올라 파르테논 신전, 헤로데스 아티쿠스 음악당 등을 둘러볼 수 있다.. 국회 의사당과 신타그마 광장 뿐 아니라 그리스 전통 음식과 전통 술을 맛볼 수 있는 식당, 카페와 펍이 즐비한 플라카 지구를 거닐며 그리스의 낭만을 온몸으로 느낄 수 있다.

06
산토리니 Santorini

에게해의 진주라고 불리며 이온 음료의 청량한 광고 속 배경으로 유명한 산토리니는 하얀 건물이 푸른 하늘과 대비되어 아름다운 곳이다. 크루즈에서 하선하고 당나귀를 타거나 케이블카를 타고 갈 수 있는 이아 마을을 비롯해 파라 마을, 이메로비글리 마을, 레드 비치 등을 여행할 수 있다. 광고에서만 보던 아름다움을 직접 볼 수 있다.

07
코르푸 Corfu

그리스 이오니아 제도에서 케팔로니아 다음으로 큰 섬인 코르푸 섬은 자연의 아름다움을 고스란히 간직한 섬이며 영화 맘마미아 2의 배경지이기도 하다. 파리의 리볼리 거리를 본떠 만든 광장과 아름다운 정원과 그림이 가득한 아킬레이온 궁전, 베니스처럼 셔터를 설치해놓은 골목 등 그 존재 자체로 영화 같은 코르푸를 영화처럼 여행할 수 있다.

떠나고 싶다고 왜 꿈만 꾸고 있는가?
있으면 있는 대로,
없으면 없는 대로
한 번은 떠나야 한다
여행은 돌아와 일상속에서
더 잘 살기 위한 풍요로운 사치다

노경원 〈그럼에도 여행〉 중

Princess Cruise
SUN PRINCESS

2024년 2월 첫 항해를 시작한 선 프린세스는 프린세스 크루즈 선사의 16번째 배이자 가장 최대 규모의 선박이고 첫 번째 스피어 클래스 선박이다. 이 크루즈 선박은 이중 연료를 사용하고 주로 액화천연가스(LNG) 연료 기술로 구동되는 최초의 선박이다. 선 프린세스는 선내 객실의 70%가 발코니이고 승무원 한 명당 승객이 3명으로 사려 깊은 서비스를 받을 수 있기에 좀 더 편안하고 쾌적하게 크루즈 여행을 즐기고 싶은 사람에게 잘 맞는 크루즈 선박이다. 총 21개 층으로 29개 이상의 바와 레스토랑이 있어 다양한 음식과 음료를 즐길 수 있다.

Numbers

175,500톤
총 톤수

4,300명
총 승선객

21층
층수

1,600명
총 승무원

345.3m / 47m
길이/너비

2,150개
총 객실수

2024년 2월
처녀운항

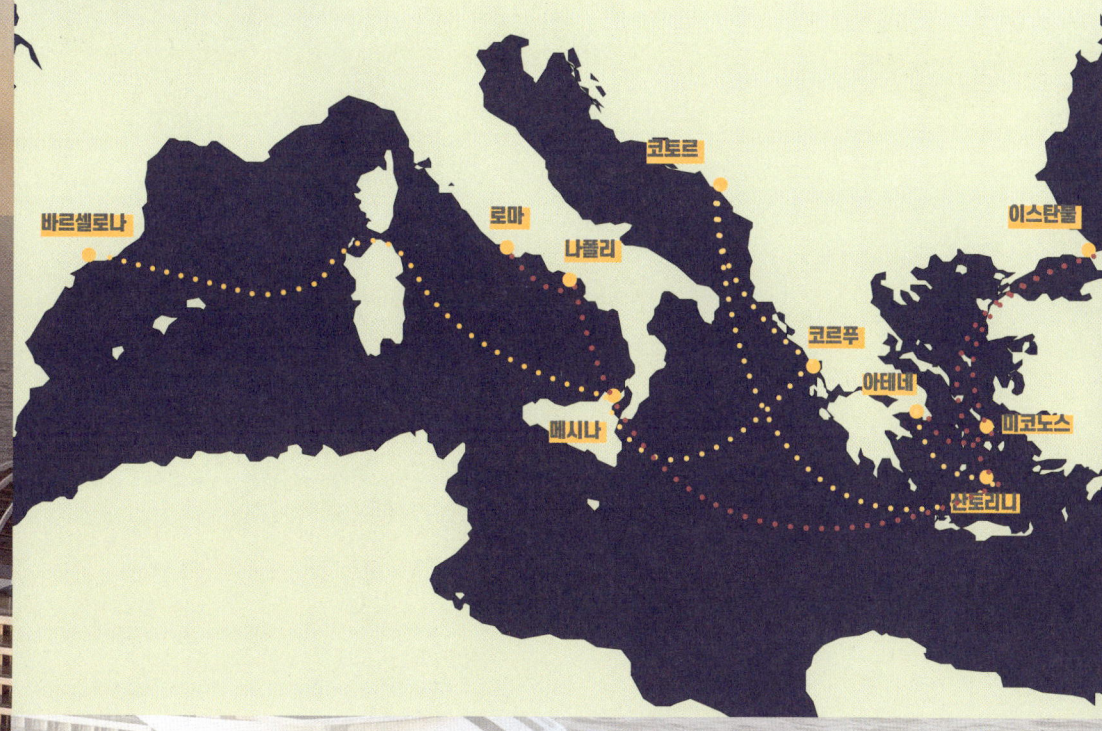

선 프린세스 호 동부 지중해 7박 8일

동부 지중해 1

아테네 그리스	19:00	DAY1 토
	07:00 19:00	DAY2 일
항해		DAY3 월
코토르 몬테네그로	07:00 17:00	DAY4 화
코르푸 그리스	07:00 16:00	DAY5 수
메시나 이탈리아	07:00 16:00	DAY6 목
항해		DAY7 금
바르셀로나 스페인	06:00	DAY8 토

동부 지중해 2

로마 이탈리아	18:00	DAY1 토
나폴리 이탈리아	07:00 19:00	DAY2 일
항해		DAY3 월
티아라/산토리니 그리스	09:00 22:00	DAY4 화
항해		DAY5 수
이스탄불 튀르키예	07:00 17:00	DAY6 목
미코노스 그리스	12:00 21:00	DAY7 금
아테네 스페인	06:00	DAY8 토

기둥이 없어 공연을 보기 좋은
<프린세스 아레나>

유럽 스타일의 광장
<Piazza>

성인 전용 수영장
<생츄어리 썬덱>

일광욕과 수영을 즐길 수 있는
<씨뷰 테라스>

파노라마 풍경을 볼 수 있는
<웨이크 뷰 테라스>

롤글라이더
<씨 브리즈>

암벽 등반 코스
<코스탈 클라임>

높은 곳을 좋아하는 승객을 위한
<인피니트 호라이즌>

선 프린세스 다이닝 앤 바
<호라이즌 다이닝 룸>

2층 높이의 스파로
소금방과 한증막을 즐길 수 있는
<로투스 스파>

프리미엄 소고기와 해산물을 제공하는
<크라운그릴>

멋진 공간에서 즐기는 피자
<알프레도 피제리아>

03

자연의 신비와 도시의 아름다움이 만나는 마법 같은 여행

북유럽

북유럽 크루즈는 노르웨이의 피오르드와 북유럽 특유의 감성이 담긴 아름다운 건축물을 만날 수 있는 여정이다. 북유럽의 다채로운 문화와 놀라운 자연 앞에 마법 같은 순간을 느낄 수 있다.

북유럽

Hardanger fjord, Norway

NORTHERN EUROPE

Hellesylt, Norway

여행이란
잃어버린 나를 찾는 게 아니라
새로운 나를 창조하는 것

장 그르니에

주요 기항지

몰데 Molde
노르웨이의 서쪽 해안에 위치한 몰데는 노르웨이의 7개 주 중 하나인 뫼레오그롬스달 주의 주도이다. 장미 정원이 아름답기로 유명해 장미의 도시라고도 불린다. 몰데에서는 아름다운 피오르드를 산책을 하거나 배를 타고 즐길 수 있다. 몰데에서는 거대한 바위가 솟아있는 절벽이자 놀라운 광경을 빛어내는 트롤스티겐은 놓치지 않고 꼭 가야할 곳이다.

올레순 Alesund
1904년 화마에 휩쓸려 잿더미가 되었던 올레순의 시내 중심가는 3년 후 아르누보 양식으로 완벽히 재건되었고 이제는 노르웨이인들이 가장 살고 싶은 도시가 되었다. 아름다운 풍광과 예술의 향기가 느껴지는 시가지와 시내 전체를 내려다보는 아크슬라산, 시내를 천천히 거닐며 올레순의 매력에 푹 빠져보자.

게이랑에르 Geiranger
게이랑에르 피오르드는 세계 3대 피오르드로 애니메이션 겨울왕국의 배경지 이기도 하다. 60분 짜리 페리를 타면 웅장한 피오르드를 가까이에서 볼 수 있다. 평균 250m의 칠자매 폭포는 어디에서도 볼 수 없는 놀라운 풍경이 선물처럼 펼쳐진다. 달스니바 전망대에서 내려다보는 피오르드 역시 아찔하게 아름답다.

헬레쉴트 Hellesylt
게이랑에르에서 헬레쉴트 구간은 게이랑에르 피오르드의 대표적인 지류를 지나가는 S자 노선이며 유네스코 세계 자연유산으로도 지정되어 있다. 일곱 줄기의 가느다란 폭포인 '일곱 자매 폭포'와 그 건너편 '구혼자의 폭포'는 놓치지 말아야 한다.

플롬 Flaam
송네 피오르드에 속한 플롬에는 1~10번의 다양한 하이킹 코스가 있어 난이도를 선택해 걸을 수 있다. 특히 폭포를 끼고 가는 3번 코스는 숨막히게 아름다운 풍경을 만날 수 있다. 또한, 플롬에서 버스로 30분 거리인 스테가스타인 전망대에서는 송네피오르드를 한눈에 조망할 수 있다.

코펜하겐 Copenhagen
덴마크의 수도 코펜하겐은 북유럽의 베니스라고 불리며 운하로 둘러 싸여 있다. 북유럽 특유의 세련된 감성과 디자인, 예술을 몸소 느낄 수 있는 곳이다. 17세기 초 네덜란드 르네상스 양식으로 지어진 로센보르궁, 덴마크 디자인 박물관 등을 여행할 수 있다

키엘 Kiel
독일 중북부에 위치한 키엘은 10세기 부터 중요한 항구로 바다가 중심인 도시이다. 세계 최대 클래식 음악 축제의 개최 도시이기도 한 키엘에서는 오페라 하우스, 키엘 피오르드, 해양 박물관 등을 둘러보며 해양 도시의 매력을 느낄 수 있다.

여행을 떠나는 것은 돈의 문제가 아니다.
얼마나 여행을 떠나고 싶은가
간절함의 차이이다.

달타냥

Kiel, Germany

MSC
EURIBIA

MSC 유리비아는 18만톤 급 메라빌리아 클래스의 다섯 번째이자 MSC의 22번 째 선박이다. 2023년 여름에 운항을 시작한 MSC의 새로운 배 유리비아는 바람, 날씨, 별자리를 관장하는 고대 여신 에우리비아(Eurybia)의 이름을 따서 지어졌으며 해양 생태계를 보존하기 위해 고급 온보드 폐수 처리 시스템이나 에너지 효율성에 최첨단 지속 가능한 기술을 적용하고 도입하고 LNG로 운항하는 친환경 배이다. 유리비아는 아티스트 알렉스 플레미히의 독특하고 상징적인 디자인인 #SaveTheSea를 선체에 새겨 MSC 크루즈의 해양 생태계에 대한 메세지를 담고 있다. 고객의 편의와 아름다운 디자인은 물론 환경까지 챙긴 크루즈이다.

Numbers

184,011 톤
총 톤수

6,327 명
총 승선객

19 층
층수

1,711 명
총 승무원

331 m / **43** m
길이/너비

2,419 개
총 객실수

2023 년 **6** 월
처녀운항

**유리비아 호
북유럽 7박 8일 1**

코펜하겐 덴마크	09:00 18:00	**DAY1** 일	
		DAY2 월	항해
헬레쉴트 노르웨이	07:00 21:00	**DAY3** 화	
		DAY4 수	**몰데** 노르웨이 08:00 15:00
플롬 노르웨이	09:00 18:00	**DAY5** 목	
		DAY6 금	항해
키엘 독일	08:00 19:00	**DAY7** 토	
		DAY8 일	**코펜하겐** 덴마크 08:00

LED 돔으로 꾸며진 실내 산책로
<갤러리아 유리비아>

게임, 퀴즈, 노래대회가 열리는
<TV 스튜디오>

지친 몸에 휴식이 필요할 때
<MSC 아우레아 스파>

워터파크를 포함한 5개의 독특한
<수영장>

바다 위에 펼쳐진 환상의 워터파크
<코랄 리프 아쿠아파크>

라이브 공연에 최적화된
<캐러셀 라운지>

아이들만의 즐거운 공간
<키즈 클럽>

매일 밤을 책임지는
<델피 씨어터>

메인 다이닝 레스토랑
<오로라 보레알리스>

언제든 마음껏 즐기는 뷔페
<마켓 플레이스 뷔페>

신선한 일식이 먹고 싶다면?
<카이토 스시바>

와인 러버라면 꼭 가야할
<헬리오스 와인 메이커>

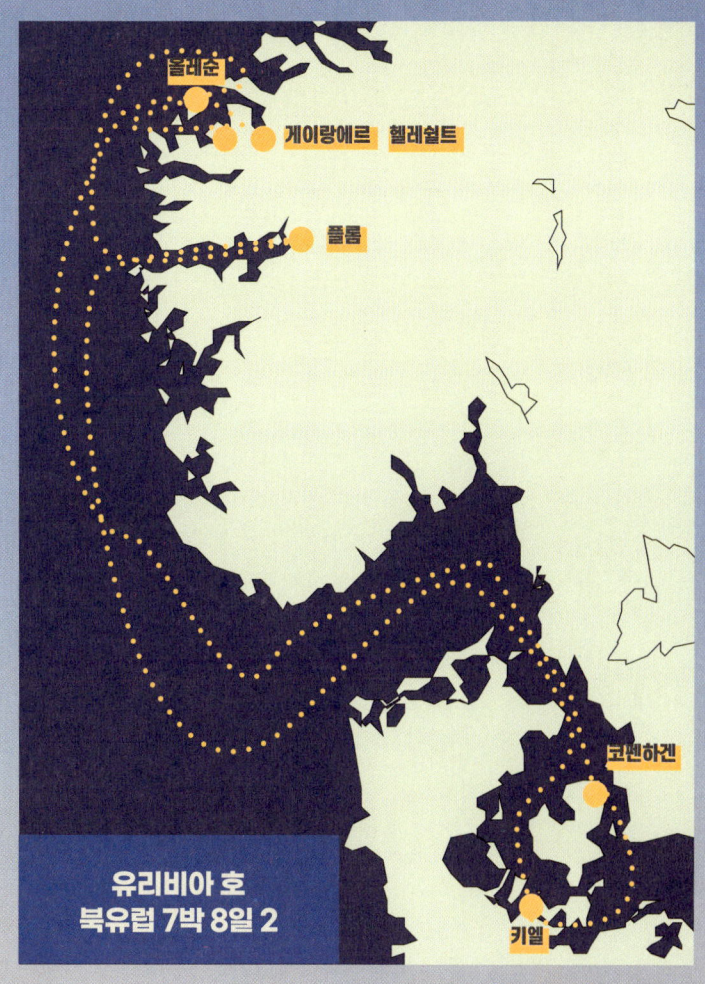

코펜하겐 덴마크	09:00 18:00	DAY1 일	
		DAY2 월	항해
헬레쉴트 노르웨이	00:00 09:45	DAY3 화	07:00 21:00 · 게이랑에르 노르웨이
		DAY4 수	07:00 17:00 · 올레순 노르웨이
플람 노르웨이	09:00 18:00	DAY5 목	
		DAY6 금	항해
키엘 독일	08:00 19:00	DAY7 토	
		DAY8 일	08:00 · 코펜하겐 덴마크

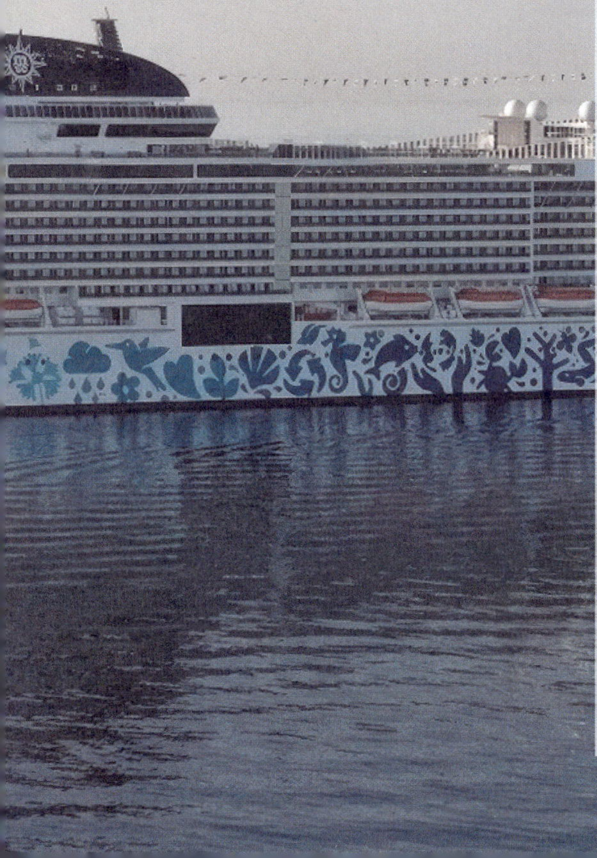

04

고귀한 문화와 자연의 아름다움이
만나 깊은 여운을 남기는

영국 & 아일랜드

영국 일주 크루즈는 지역의 특색 있는
문화와 자연의 아름다움이 어우러지는
특별한 여정이다. 고요한 골목과 역동적인
도시를 넘나들며 영국의 아름다움에
푹 빠져들어 보자.

Edinburgh, UK

영국 & 아일랜드

UNITED KINGDOM & IRELAND

Dublin, Ireland

나는 내가 전에 한 번도 와 본적 없는 도시에서
익명이 되는 그 느낌을 사랑한다.

빌 브라이슨

주요 기항지

01
스토노웨이 Stornoway

스코틀랜드의 루이스 섬에 위치한 스토어노웨이는 험준한 해안선을 배경으로 게일 전통이 어우러진 고요한 휴양지이다. 마을 중심부에는 미술관, 시청, 정육점, 다양한 상점과 펍이 있어서 친근하면서도 활기찬 마을의 분위기를 느낄 수 있고 란타르에서는 아트 센터와 극장 등 문화 생활을 즐길 수 있다. 신석기 후기 또는 청동기 초기의 것으로 보이는 캘러니시 스톤도 둘러볼 수 있다.

02
코브 Cobh

아일랜드 해안을 따라 자리 잡은 코브는 그림 같은 풍경과 고풍스러운 매력이 가득한 곳이다. 타이타닉 호가 미국으로 떠나기 전 마지막 승선지로 타이타닉 체험, 타이타닉 트레일 워킹 투어를 할 수 있으며 코브 박물관, 코브 로드 트레인, 스파이크 아일랜드 투어, 세인트 콜먼 대성당, 찰스 요새 등을 둘러볼 수 있다.

03
커크월 Kirkwall

스코틀랜드의 오크니 제도의 중심 마을인 커크월은 과거에 바이킹이 지배하던 곳이라 북유럽 느낌이 나는 섬마을이다. 험난한 지형으로 수많은 함선들이 가라 앉아 있는 다이빙 명소 스캐퍼플로와 스코틀랜드 최고의 성당 중 하나인 로마네스크-고딕 양식으로 지어진 성 마그누스 성당을 둘러 볼 수 있다.

04
더블린 Dublin

아일랜드의 수도인 더블린은 풍부한 역사를 가진 활기찬 분위기의 문화 중심지이다. 더블린 시내 중심의 번화가로 영화 원스의 배경인 그랜프턴 스트릿, 펍마다 다른 페인트를 써 알록달록한 색감이 예쁜 템플 바 지구, 더블린의 자랑 기네스 맥주 양조장과 더블린 성을 둘러보며 더블린의 매력에 푹 빠져보자.

05
벨파스트 Belfast

북아일랜드의 수도 벨파스트는 아주 작은 도시로 타이타닉호를 건조한 곳이기도 하다. 타이타닉 침몰 100년을 기리는 타이타닉 박물관과 고전 르네상스 양식의 화려한 대리석 건물인 벨파스트 시청, 벨파스트 시내를 한 눈에 볼 수 있는 벨파스트 성, 유네스코에 등재된 세계문화유산이자 주상절리인 자이언트 코즈웨이 등을 둘러 볼 수 있다.

06
인버고든 Invergordon

스코틀랜드 고원으로 가는 관문에 있는 인버고든은 위스키가 유명한 곳이다. 스코틀랜드 독립전쟁에 유용하게 쓰였지만 지금은 폐허가 된 채 남아있는 어쿼트 성을 둘러볼 수 있고 마을 곳곳 가옥들 벽면에 그려진 독특한 벽화를 찾아보며 스코틀랜드 시골의 고요함을 만끽할 수 있다.

07
에든버러 Edinburgh

스코틀랜드의 수도 에든버러는 스코틀랜드 왕국의 역사가 살아 숨쉬는 도시이다. 사계절마다 모습을 달리하는 에든버러 성은 에든버러의 랜드마크로 꼭 방문해야 한다. 궁전 2층의 크라운 룸에서 스코틀랜드 왕가 보물 전시도 볼 수 있다. 또한 홀리루드 공원의 정상 아서스 시트에서는 에든버러의 전경을 내려다 보고, 왕족과 귀족들이 걷던 길 로얄 마일을 걸으며 시간 여행을 할 수 있다.

08
포틀랜드 Portland

포틀랜드는 영국의 섬으로 영국 해협 쪽으로 육지와 석회암으로 이어져 있다. 웅장한 석회암 절벽을 따라 암벽 등반을 하기에도 좋고, 스쿠버 다이빙, 윈드 서핑 등 다양한 액티비티를 하기도 좋은 곳이다. 포틀랜드 항구가 내려다 보이는 해안 요새인 포틀랜드 성과 채석장, 세인트 앤드류 교회 등을 둘러볼 수 있다.

09
사우샘프턴 Southampton

런던에서 두 시간 거리에 떨어진 사우샘프턴은 유명한 항구도시로 뉴욕으로 가는 타이타닉호가 출발했던 곳이기도 하다. 사우샘프턴에서는 런던으로 이동, 빅벤 시계탑, 런던 아이, 타워브릿지, 버킹엄 궁전 등 런던의 랜드마크와 포토벨로 마켓, 코벤트 가든 등 왁자지껄한 런던의 모습을 함께 볼 수 있다.

Urquhart castle, Scotland

세상은 한 권의 책이다.
여행을 하지 않은 사람들은
그 책의 한 페이지만 읽는 것과 같다.

성 어거스틴

NCL
DAWN

노르웨이지안 던은 2002년 노르웨이지안 크루즈의 3번째 선박으로 건조되었다. 오래된 배이지만 2021년 새단장을 통해 낡은 티를 벗었다. 노르웨이지안 크루즈 라인(NCL)은 전통적인 크루즈 여행의 경계를 깨고 승객에게 자유로움과 유연함을 제공하는 프리스타일 크루즈 여행의 선구자로 던 역시 격식을 차리는 옷차림이나 정해진 정찬 시간 등이 없어 자유롭게 크루즈 여행을 하기 좋다. 저녁 식사에는 추가 비용 없이 4개의 레스토랑을 이용할 수 있고 추가 요금을 내면 스테이크, 이탈리아, 프랑스 및 멕시코 레스토랑을 포함한 11개 레스토랑에서 훌륭한 음식을 즐길 수 있다.

Numbers

92,250톤
총 톤수

2,340명
총 승선객

14층
층수

1,032명
총 승무원

294m / 38m
길이 / 너비

1,170개
총 객실수

2002년 12월
처녀운항

던 호
영국 일주 10박 11일

항구		Day	도착/출발
사우샘프턴 영국		DAY1 월	17:00
	포틀랜드 영국	DAY2 화	07:00 17:00
코브 아일랜드		DAY3 수	11:00 19:00
	더블린 아일랜드	DAY4 목	07:00 19:00
벨파스트 북아일랜드		DAY5 금	08:00 18:00
	스토노웨이 스코틀랜드	DAY6 토	09:00 18:00
커크월 스코틀랜드		DAY7 일	08:00 17:00
	인버고든 스코틀랜드	DAY8 월	08:00 19:00
에든버러 스코틀랜드		DAY9 화	07:00 18:00
	항해	DAY10 수	
사우샘프턴 영국		DAY11 목	05:00

노르웨이지안 던의 중심
<그랜드 아트리움>

태양을 쬐며 수영할 수 있는
<야외 수영장>

따뜻한 물에서 긴장을 푸는
<월풀>

매일 밤 다채로운 공연을 볼 수 있는
<스타더스트 시어터>

수상 경력에 빛나는
<카지노>

다양한 음식이 가득한 뷔페
<가든 카페>

고급스러운 이탈리아 요리를
먹을 수 있는
<라쿠치나>

NCL 시그니처 프렌치 레스토랑
<르 비스트로>

정통 브라질 슈하스카리아
<모데르노>

일본식 철판요리
<테판야끼>

샴페인과 즐기는 라이브 음악
<개츠비 샴페인 바>

다양한 와인을 맛 볼 수 있는
<셀러>

05

다양한 문화와 종교의 아름다움을
체험하는 감동적인 여정

성지 순례

튀르키예, 그리스, 이스라엘, 이집트를
아우르는 성지순례 크루즈는
고대 도시의 유적지를 탐험하며
역사의 숨결을 만나고 성경 속의
성스러운 길을 따라 여행 할 수 있다.

Istanbul, Turkey

성지순례

PILGRIMAGE

인간의 마음은 바다와 매우 흡사하다.
폭풍과 조수가 있고 깊은 곳에 진주도 있다.

빈센트 반 고흐

Santorini, Greece

주요 기항지

미코노스 Mykonos

키클라데스 제도의 하얀 보석인 미코노스는 수백 개의 작은 예배당, 하얀 건물, 곳곳에 있는 아름다운 풍차로 유명하다. 좁은 거리의 미로가 매력적이며 전통적인 생활을 엿볼 수 있는 미코노스 타운을 산책하는 것을 놓치지 말아야 한다. 에게해 한가운데에 있는 작은 천국을 만끽해보자.

쿠사다시 Kusadasi

쿠사다시는 튀르키예 서쪽에 있는 대표적인 휴양지 겸 성지 순례지이다. 이곳에서는 성경의 에베소인 에페소스로 이동하게 된다. 에페소스에는 바티칸 교황청이 공식 인정한 성모 마리아가 사도 요한과 함께 살았던 동정녀 마리아의 집이 있고 누가의 묘와 원형 극장, 셀수스 도서관 등 에페소스 유적지와 사도 요한 기념교회와 묘를 둘러 볼 수 있다.

아테네 Athens

성지순례 여행을 위해서는 아테네 인근에 있는 고린도를 여행할 수 있다. 고린도는 아테네에서 서쪽으로 80km가 떨어진 곳으로 사도 바울이 약 1년 반 동안 고린도에 머물렀으며 고린도의 유적지에는 바울이 재판을 받았던 사도 바울 재판터가 있다. 또한 사도 바울이 수리아로 항해하기 전에 머리를 깎은 겐그레아 항구도 있다. 고린도 유적지와 고린도 박물관 등을 두루 둘러볼 수 있다.

티라/산토리니 Thira/Santorini

에게해의 진주라고 불리며 이온 음료의 청량한 광고 속 배경으로 유명한 산토리니는 하얀 건물이 푸른 하늘과 대비되어 아름다운 곳이다. 크루즈에서 하선하고 당나귀를 타거나 케이블카를 타고 갈 수 있는 이아 마을을 비롯해 파라 마을, 이메로비글리 마을, 레드 비치 등을 여행할 수 있다. 광고에서만 보던 아름다움을 직접 볼 수 있다.

로도스 Rhodes

사도 바울이 로도스 역시 전도하러 갔기에 성경에는 로도스도 등장한다. 중세도시 로도스의 구시가지인 관광 기사의 거리와 소크라테스 광장을 둘러 볼 수 있다. 로도스 섬 동쪽인 린도스는 사도 바울이 배를 타고 도착한 지역이다. 마을 정상에서 아크로폴리스와 아폴로 신전터도 볼 수 있다.

이스탄불 Istanbul

이스탄불에서는 15세기 말부터 19세기 중반까지 오스만 제국의 국왕들의 거처였던 톱카프 궁전과 톱카프 궁전 보석관을 둘러볼 수 있다. 보석관의 마지막 홀에는 모세의 지팡이와 세례요한의 손 뼈, 다윗의 검이 전시되어 있다. 교회로 지었지만 지금은 이슬람 사원이 된 성소피아사원과 그랜드바자르, 오벨리스크 등은 꼭 한번 방문하면 좋을 곳이다.

리마솔 Limassol

키프로스는 성경의 구브로 섬으로 사도 바울의 발길이 가장 먼저 닿았던 곳이자 그가 기독교 복음을 첫 번째로 전파한 곳이다. 나사로 역시 키프로스로 건너와 복음을 전파했다고 한다. 9세기 경에 지어진 나사로 기념교회와 이천여년 전 사도 바울이 매를 맞는 고통에도 전도를 포기하지 않은 걸 기념하기 위한 파포스 바울채찍 기념교회와 바울이 묶였던 대리석 기둥도 함께 방문할 수 있다.

하이파 Haifa

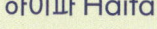

하이파에서는 갈릴리와 나사렛, 가나를 갈 수 있다. 나사렛에서는 성모 마리아가 어린 시절 살았던 집인 수태 고지 교회를 방문할 수 있고, 가나에서는 물을 포도주로 바꾼 예수님의 최초의 기적을 기념하기 위해 만든 가나 혼인잔치 교회를 갈릴리에서는 오병이어 기념교회와 예수 그리스도와 제자들이 자주 거했던 갈릴리 호수 등을 둘러볼 수 있다.

알렉산드리아 Alexandria

이집트 알렉산드리아는 구약 성경을 헬라어로 최초 번역한 곳이기도 하다. 알렉산드리아 도서관과 알렉산드리아를 방어하기 위해 세운 콰이트 요새를 둘러볼 수 있다. 이곳에는 마가복음의 마가가 7년간 머물면서 설립한 마가 기념교회는 아직도 남아 있어 알렉산드리아를 전도하기 위해 애쓴 마가의 자취를 엿볼 수 있다.

포트사이드 Port said

지중해와 통하는 수에즈 운하의 북쪽 항구가 포트 사이드이다. 포트 사이드에서는 두 개의 높다란 첨탑을 가진 포트 푸아드 대사원을 볼 수 있다. 시간의 여유가 많으면 포트 사이드에서는 약 3시간 반 소요되는 카이로로 이동해 카이로 순례 여행을 할 수 있다. 카이로에서는 올드 카이로의 예수 피난 교회와 기자의 피라미드, 스핑크스 등을 구경할 수 있다.

아스돗 Ashdod

이스라엘 아스돗에서는 구약성경 다윗의 탄생지이자 그리스도의 탄생지인 베들레헴과 순례의 끝이자 예수의 무덤이 있는 예루살렘까지 둘러볼 수 있다. 베들레헴에서는 예수 탄생 교회를 탐방하고 예루살렘에서는 십자가의 길의 첫번째 장소이자 예수님의 무덤이 있던 자리, 골고다 언덕 십자가 터인 거룩한 무덤 성당과 다윗의 탑, 감람산 등 성경에 나온 곳을 순례할 수 있다.

NCL
VIVA

프리마호에 이어 프리마 클래스의 두 번째 배이자 2023년 6월에 론칭한 노르웨이지안 NCL 비바호는 넓은 야외 공간과 넓은 객실, 손님을 우선시하는 서비스, 사려 깊은 디자인과 기대 이상의 경험을 제공한다. 프리마호와 비슷한 크기에 건조 년도가 비슷하고 클래스도 같아 동일한 수준의 시설과 서비스를 경험할 수 있다. 비바호는 미래의 크루즈를 그대로 구현했다고 말해도 과언이 아닐만큼 갖가지 놀라운 시설로 가득 차 있는데 온수 욕조에서 휴식을 취하는 것은 물론 가상 세계를 탐험할 수 있고 다양한 슬라이드를 경험할 수도 있다.

Numbers

142,500톤
총 톤수

3,099명
총 승선객

20층
층수

1,506명
총 승무원

294m / **41**m
길이/너비

1,646개
총 객실수

2023년 **8**월
처녀운항

비바 호 성지 순례 9박 10일

장소	국가	시간	DAY
아테네	그리스	20:00	DAY1 토
티라/산토리니	그리스	08:00 / 22:00	DAY2 일
쿠사다시	튀르키예	06:30 / 12:30	DAY3 월
이스탄불	튀르키예	09:00 / 18:00	DAY4 화
미코노스	그리스	13:30 / 21:30	DAY5 수
항해			DAY6 목
알렉산드리아	이집트	06:00 / 21:00	DAY7 금
포트 사이드	이집트	08:00 / 20:00	DAY8 토
아스돗	이스라엘	06:00 / 11:00	DAY9 일
하이파	이스라엘	06:00	DAY10 월

수영장과 하늘이 이어진 것 같은
<인피니티 풀>

아찔한 유리 다리에서 즐기는
바다 산책
<오션워크>

다양한 첨단 기술 체험을
제공하는
<갤럭시 파빌리온>

흥미진진한 워터 슬라이드
<더 드롭>

지중해 해산물 식당인
<팔로마>

세계 각국의 음식을 제공하는
<인덜지 푸드 홀>

브로드웨이 쇼를 볼 수 있는
<극장>

크루즈 안에서
실제 자동차 레이스를?
<비바 스피드웨이>

06

황량한 사막과 푸른 바다가 어우러지는

중동

중동 크루즈는 다양한 문화가 공존하는 도시의 매력을
느낄 수 있는 여정이다. 신비로움 가득한 현대적인
도시들은 여행자들에게 감동의 순간을 선사할 것이다.

중동

인간의 삶에서 가장 기쁜 순간은
미지의 땅으로 출발하는 순간이다

리처드 버튼

MIDDLE EAST

Doha, Katar

주요 기항지

01
두바이 Dubai

세계 최대, 세계 최고, 세계 최초의 수식어가 잘 어울리는 도시 두바이는 메마른 사막 위에 건설된 빌딩숲을 볼 수 있어 이색적인 곳이다. 세계에서 가장 높은 건물인 버즈 칼리파와 전세계 다양한 브랜드와 샵들이 모여있을 뿐 아니라 아쿠아리움, 아이스링크까지 갖춘 두바이몰과 황금빛 외관의 액자 모습이 인상적인 두바이 프레임도 꼭 가봐야하는 곳이다.

02
바레인 Bahrain

걸프만 섬나라 바레인은 풍부한 역사적 유적지를 가지고 있다. 유네스코 세계문화유산으로 지정된 바레인 요새와 고대 고분군인 아알리는 꼭 가야만하는 곳이다. 전통 가옥과 박물관이 있는 무하라크의 문화 지구를 거닐고 경치 좋은 알 다르 섬에서 휴식을 취하거나 마나마 수크의 활기찬 분위기를 경험해보는 것도 좋다.

03
도하 Doha

카타르의 수도인 도하는 전통과 현대가 완벽하게 조화를 이루고 있다. 도하 타워와 같은 경이로운 건축물이 즐비한 웨스트 베이 지역의 미래지향적인 스카이라인을 탐험하는 동시에 카타르 국립 박물관에서 풍부한 유산을 발견하고 코르니쉬에서는 그림 같은 도시 경관을 감상할 수 있다. 활기찬 분위기의 전통 시장인 수크 와키프도 놓치지 말아야할 곳이다.

04
아부다비 Abu dhabi

아랍에미리트의 수도인 아부다비는 전통과 현대가 조화롭게 어우러진 곳이다. 세계에서 5번째로 큰 이슬람 사원인 셰이크 자이드 그랜드 모스크, 프랑스 파리 루브르 박물관의 첫 분관인 루브르 아부다비, 슈퍼카 브랜드 페라리를 테마로 만든 테마파크인 페라리월드 등을 둘러볼 수 있다.

05
시르바니야스 Sir bani yas

아부다비 서쪽에 위치한 모래 섬 시르바니야스는 중동의 최고 휴양지이자 아랍에미레이트의 에덴 동산이라는 별명을 갖고 있다. 시르바니야스에서는 사파리 투어, 수천 마리의 플라밍고가 운집한 맹그로브와 사막, 아름다운 해변 관광이나 .다양한 스포츠와 액티비티 등 체험 코스가 있어 다양한 투어를 취향대로 골라 즐길 수 있다.

"왜 바다를 보고 있으면 마음이 편안해지는 것일까요?"
"아마 넓고 아무것도 없기 때문이겠지?"

무라카미 하루키 <해변의 카프카> 중

Bahrain, Bahrain

MSC
EURIBIA

MSC 유리비아는 18만톤 급 메라빌리아 클래스의 다섯 번째이자 MSC의 22번 째 선박이다. 2023년 여름에 운항을 시작한 MSC의 새로운 배 유리비아는 바람, 날씨, 별자리를 관장하는 고대 여신 에우리비아(Eurybia)의 이름을 따서 지어졌으며 해양 생태계를 보존하기 위해 고급 온보드 폐수 처리 시스템이나 에너지 효율성에 최첨단 지속 가능한 기술을 적용하고 도입하고 LNG로 운항하는 친환경 배이다. 유리비아는 아티스트 알렉스 플레미히의 독특하고 상징적인 디자인인 #SaveTheSea를 선체에 새겨 MSC 크루즈의 해양 생태계에 대한 메세지를 담고 있다. 고객의 편의와 아름다운 디자인은 물론 환경까지 챙긴 크루즈이다.

Numbers

184,011톤
총 톤수

6,327명
총 승선객

19층
층수

1,711명
총 승무원

331m/**43**m
길이/너비

2,419개
총 객실수

2023년 **6**월
처녀운항

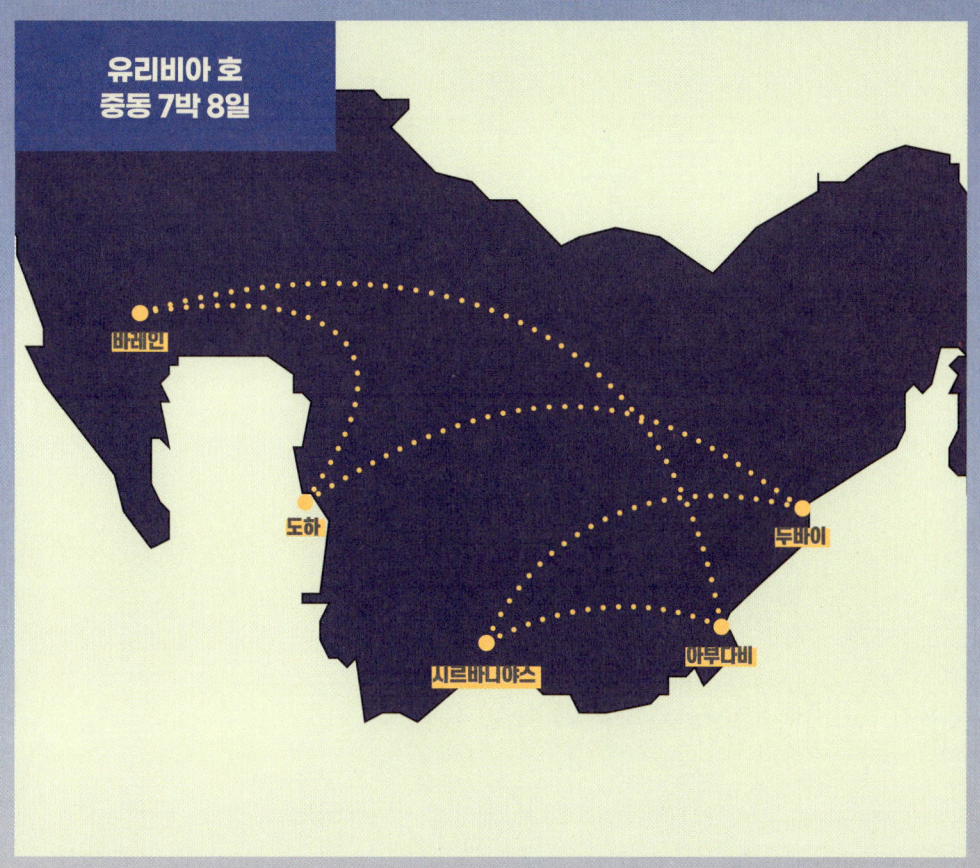

유리비아 호 중동 7박 8일

두바이 아랍에미리트	**DAY1** 토 19:00	
	DAY2 일 08:00 / 18:00	**도하** 카타르
바레인 바레인 08:00 / 19:00	**DAY3** 월	
	DAY4 화	**항해**
아부다비 아랍에미리트 07:00 / 21:00	**DAY5** 수	
	DAY6 목 09:00 / 18:00	**시르바니야스** 아랍에미리트
두바이 아랍에미리트 09:00 / 23:59	**DAY7** 금	
	DAY8 토 24:01	**두바이** 아랍에미리트

LED 돔으로 꾸며진 실내 산책로
<갤러리아 유리비아>

게임, 퀴즈, 노래대회가 열리는
<TV 스튜디오>

지친 몸에 휴식이 필요할 때
<MSC 아우레아 스파>

워터파크를 포함한 5개의 독특한
<수영장>

바다 위에 펼쳐진 환상의 워터파크
<코랄 리프 아쿠아파크>

라이브 공연에 최적화된
<캐러셀 라운지>

아이들만의 즐거운 공간
<키즈 클럽>

매일 밤을 책임지는
<델피 씨어터>

메인 다이닝 레스토랑
<오로라 보레알리스>

언제든 마음껏 즐기는 뷔페
<마켓 플레이스 뷔페>

신선한 일식이 먹고 싶다면?
<카이토 스시바>

와인 러버라면 꼭 가야할
<헬리오스 와인 메이커>

07

익숙한 듯 낯설게, 부담없이 떠나는

아시아

처음 크루즈 여행을 떠나는 사람은 긴 일정이나 비용이 부담스럽기 마련이다. 아시아 크루즈 여행은 짧은 일정에 가깝고 비행기와 크루즈 가격도 부담이 적어 첫 크루즈로 떠나기 좋다.

아시아

Naha, Japan

주요 기항지

푸켓 Phuket

태국 남부의 휴양지이자 대표적인 허니문 여행지인 푸켓은 언제 가도 매력적인 곳이다. 스노클링, 스쿠버다이빙 등 다양한 해양 스포츠와 다채로운 먹거리, 색다른 밤문화로 늘 여행자들로 북적인다. 레오나르도 디카프리오가 나왔던 영화 '비치'의 촬영지인 피피섬과, 파도가 완만한 산호섬, 서핑을 즐기기 좋은 라차섬 등 전부 눈부신 에메랄드빛 바다를 뽐내면서 각기 다른 매력이 있다.

페낭 Penang

'동양의 진주'로 불리는 페낭은 문화적 다양성과 미식의 즐거움이 가득한 곳이다. 페낭의 주도인 조지타운은 식민지 시절의 모습을 고스란히 간직하고 있으며 오래된 건물에 그려진 벽화를 볼 수 있는 아트 스트리트는 놓치면 안 되는 포토 포인트이다. 페낭을 내려다 볼 수 있는 페낭힐이나 동남아시아에서 가장 큰 불교 사원인 켁록시 사원을 방문하거나 다양한 길거리 음식을 맛보는 것도 좋다.

싱가포르 Singapore

동서양 문화가 조화롭게 공존하고 미식과 쇼핑의 천국이기도 한 싱가포르는 깨끗하고 안전해 여행하기 좋은 도시이다. 싱가포르의 랜드마크인 머라이언상이 있는 머라이어 파크, 야경이 아름다운 마이나 베이 샌즈 호텔, 화려하면서 아름다운 빛의 향연을 볼 수 있는 가든스 바이 더 베이, 유니버설 스튜디오와 각종 어트랙션 바다를 즐길 수 있는 인공 섬 센토사를 둘러볼 수 있다.

요코하마 Yokohama

도쿄 남쪽에 위치한 요코하마는 서양과 일본의 영향이 혼합된 현대적인 항구 도시이다. 요코하마의 랜드마크인 타워에서는 도시의 탁 트인 전망을 감상할 수 있으며, 해안가 야마시타 공원은 여유로운 산책을 즐기기에 좋은 곳이다. 일본 전통 건축물과 계절별 꽃으로 장식된 유서 깊은 산케이엔 정원도 놓치지 말아야 하는 여행지이다.

나하 Naha

독특한 문화와 이국적인 분위기를 자랑하는 오키나와는 본토에서 남쪽으로 한참이나 떨어져 있으며 160개의 섬으로 이뤄져 있다. 나하에서는 코끼리 코 모양을 한 바위 만좌모에서 독특한 해안지형을 둘러보고 세계 최대 수족관인 츄라우미 수족관과 파노라마 풍경을 볼 수 있는 후루우리시 대교, 옛 미군 비행장 부지에 세워진 아메리카 빌리지 등을 여행할 수 있다.

지룽 Keelung

대만 북부의 번화한 항구 도시인 지룽에서는 대만의 옛 정취를 느낄 수 있는 지우펀으로 여행을 떠날 수 있다. '작은 상하이'라고 불리는 지우펀은 일본 애니메이션 <센과 치히로의 행방불명>의 모티브가 된 배경지이기도 하다. 가파르고 좁은 길 사이사이에 전통 음식과 각종 기념품을 판매하고 있어서 천천히 길을 구경하며 거니는 것 만으로도 운치가 있는 도시이다.

이시가키 Ishigaki

오키나와 현에 위치한 이시가키는 도쿄에서 2,000km 떨어진 일본 최남단 도시이다. 이시가키에는 일본 100경에 꼽힌 오키나와에서 가장 아름다운 해변 카비라만에 가서 바닥이 유리로 된 보트를 타며 산호초와 니모 등 각종 물고기를 볼 수도 있고 에메랄드 빛 바다에서 스노클링과 다이빙을 즐길 수 있다. 근교 섬인 다케토미섬, 이리오도테섬과 고하마섬을 가기에도 좋다.

"바다를 사랑하시나보군요, 선장."
"사랑하고 말고요! 바다는 아주 중요합니다. 바다는 지구의 10분의 7을 덮고 있지요.
바다의 숨결은 건강하고 순수합니다.
바다는 드넓은 황무지이나, 여기서 인간은 결코 혼자가 아닙니다.
사방에서 고동치는 생명을 느낄 수 있으니까요.
바다는 거대하고 초자연적인 존재가 살 수 있는 환경입니다.
바다는 움직임과 사랑 그 자체예요."

쥘 베른 〈해저 2만리〉 중

Ishigaki, Japan

ROYAL CARIBBEAN
ANTHEM OF THE SEA

로얄캐리비안에서 2015년에 출시한 앤썸호는 볼거리와 즐길거리 모두를 충족시키고 싶어하는 승객을 위해 좋은 크루즈이다. 선상에서 남녀노소 누구나 즐길 수 있는 가상 스카이다이빙을 비롯하여 바다 한 가운데 보석모양의 유리 캡슐로 우뚝 솟은 북극성. 신나는 DJ의 음악과 함께 범퍼카 및 롤러스케이트를 탈 수 있는 실내 체육관 씨플렉스 등 다채로운 액티비티를 즐길 수 있다

Numbers

168,666 톤
총 톤수

4,905 명
총 승선객

16 층
층수

1,500 명
총 승무원

348 m / **41** m
길이/너비

2,090 개
총 객실수

2015 년 **4** 월
처녀운항

앤썸 호
아시아 4박 5일/5박 6일

- 푸켓
- 페낭
- 싱가포르

4박 5일 일정

싱가포르 싱가포르	DAY1 목	17:00	
	DAY2 금	14:00 21:00	페낭 말레이시아
푸켓 태국	DAY3 토	08:00 20:00	
	DAY4 일		항해
싱가포르 싱가포르	DAY5 월	07:00	

5박 6일 일정

	DAY1 목	16:30	싱가포르 싱가포르
페낭 말레이시아	DAY2 금	14:00 21:00	
	DAY3 토	08:00	푸켓 태국
푸켓 태국	DAY4 일	20:00	
	DAY5 월		항해
싱가포르 싱가포르	DAY6 화	07:00	

크루즈 안의 작은 도시
<로얄 에스플라네이드>

매일 밤 즐거움을 주는 대극장
<로얄 시어터>

바다에서 즐기는 여유
<메인 수영장/비치풀/월풀>

바다 위 91.5m 상공에서
일출과 일몰을 볼 수 있는 관람차
<북극성>

실내에서 여유로운 수영을
<솔라리움>

크루즈 위에서 즐기는 이색 경험
<스카이 다이빙>

롤러스케이팅과 범퍼카
<씨플렉스>

전문 강사의 가이드와 함께
<암벽등반>

선상에서 즐기는 인공 서핑
<플로우 라이더>

퀀텀클래스에서 새롭게 선보인
다이나믹 다이닝
<더 그랑 레스토랑>

골라먹는 재미가 있는 뷔페
<윈재머 마켓 플레이스>

로봇 바텐더의 칵테일을 마실
수 있는 <바이오닉 바>

Keelung, Taiwan

익숙한 삶에서 벗어나
현지인들과 만나는 여행은
생각의 근육을 단련하는 비법이다.

이노우에 히로유키

MSC
BELLISSIMA

MSC 벨리시마는 MSC 크루즈의 두 번째 메라비글리아급 선박이자
MSC 메라비글리아호의 자매 선박이다. MSC 벨리시마는 편리한 선상 생활을 돕는
음성 인식 기반의 인공 지능 서비스 Zoe를 비롯한 놀라운 최첨단 기술,
선상 편의 시설로 즐거운 크루즈 경험을 선사한다.
일본과 대만, 중국과 한국까지 아시아를 주로 기항하고 있으며
넷플릭스 오리지널 일본 영화 <크레이즈 크루즈>에 등장하기도 한다.
취향에 따라 선택 가능한 12개의 레스토랑과 20개의 바 MSC 벨리시마를 위해
특별히 고안된 두 종류의 태양의 서커스를 즐길 수 있다.

Numbers

171,598톤
총 톤수

5,655명
총 승선객

18층
층수

1,595명
총 승무원

315.83m / **43**m
길이/너비

2,201개
총 객실수

2019년 **3**월
처녀운항

밸리시마 호 아시아 6박 7일

	DAY1 일	**요코하마** 일본 19:00
항해	**DAY2** 월	
	DAY3 화	항해
나하(오키나와) 일본 07:00 19:00	**DAY4** 수	
	DAY5 목	이시가키 일본 09:00 19:00
지룽 대만 08:00 23:59	**DAY6** 금	
	DAY7 토	지룽 대만 12:01

크루즈에서 가상 레이싱을
<포뮬러1 시뮬레이터>

아침에서 밤까지 수영을 즐길 수 있는
<메인 풀>

언제든 마음껏 즐기는 뷔페
<마켓 플레이스 뷔페>

라틴 아메리칸 레스토랑
<올라 타코& 카티나>

16층 선미에서 바다를 내려다볼 수 있는
<호라이즌 풀>

일식을 즐길 수 있는
<카이토 스시바>

벨리시마호의 대표 엔터테인먼트인 대극장
<런던 시어터>

즐거운 물놀이를 할 수 있는
<폴라 아쿠아파크>

96m 길이의 MSC 벨리시마
<중앙 산책로>

중앙 산책로를 돋보이게 만드는
<LED 스크린>

MSC 벨리시마의 특별한 공연
태양의 서커스를 볼 수 있는
<캐러셀 라운지>

지친 몸에 휴식이 필요할 때
<MSC 아우레아 스파>

08

푸른 남반구의 미학과 모험을
담아낸 환상적인 여행

호주 & 뉴질랜드

호주와 뉴질랜드 크루즈는
신비로운 호주의 대자연과 뉴질랜드의 초원과
야생 동물을 경험하는 특별한 여정이다.
세계적인 해안 경치와 역사적인 도시를 탐험하면서,
호주와 뉴질랜드의 아름다움을 마음껏 누릴 수 있다.

Sydney, Australia
호주 & 뉴질랜드

주요 기항지

시드니 Sydney

호주의 대표 관광지이자 가장 큰 도시 시드니에서 꼭 봐야할 명소는 오페라하우스이다. 육지에서 뿐만 아니라 페리를 타고 바다로 나가 그 감동적인 모습을 지켜볼 수 있다. 본다이비치나 왓슨스베이같은 해변에서는 고즈넉하게 해변가를 산책하며 사막과 바다를 모두 감상할 수 있다.

에덴 Eden

에덴은 자연적으로 만들어진 아름다운 천연 항구도시로 최고의 고래 관람 장소이기도 하다. 2월에는 안타깝게 고래를 보기 어려울 수 있으니 대신 에덴 킬러 웨일 박물관을 방문하면 좋다. 에덴의 남북 쪽에 넓게 펼쳐져 있으며 수천 년 동안 부식 되고 풍화되어 형성된 독특한 바위와 동굴이 있는 벤 보이드 국립공원에서는 다양한 조류와 동물을 볼 수 있다.

호바트 Hobart

호주의 태즈매이니아 주의 수도인 호바트는 독특한 자연 환경과 문화로 매력적인 도시이다. 호바트의 시내에 위치한 몬트 웰링턴의 전망대에서 내려다보는 도시 전망은 놓치지 말아야한다.. 호바트 근처에 위치한 사이몬스 포인트는 멋진 해안 경치와 해변으로 유명하며, 자연 보호 지역인 페닌슐라 포트 아락은 아름다운 해안 경관과 다양한 동식물을 감상할 수 있다.

그레이트 오이스터 베이 Great Oyster Bay

그레이트 오이스터 베이에서는 크루즈에서 내리지 않고 갑판이나 발코니 객실에서 풍경을 바라보는 "씨닉 크루징"을 즐기게 된다. 호주에서 가장 경치가 아름다운 바다 중 하나인 그레이트 오이스터 베이에서는 겨울에는 고래가 자주 출몰하니 운이 좋으면 고래도 만날 수 있다.

포트 아서 Port Arthur

포트아서는 역사적으로도 의미 있는 지역이다. 19세기의 감방, 교도소, 군사 시설 등이 남아있으며 호주 국립문화유산으로 등록되어 있다. 또한, 포트아서 근처의 플레이스르 포트 국립 공원은 아름다운 해변과 산악지형이 특징이고 피니클 레이크는 그림 같은 풍경과 함께 자연을 만끽할 수 있는 장소로 트레킹을 통해 갈 수 있다.

베이 오브 아일랜드
Bay of Islands

노스랜드 동해안에 수많은 작은 섬으로 이루어진 베이 오브 아일랜즈는 뉴질랜드의 대표 휴양지로 유명하다. 무려 150여개의 섬이 바다를 수놓은 듯 아름답게 자리 잡은 지역으로 모래사장과 바위로 된 긴 해안선이 바다를 둘러싸고 있다. 이곳은 뉴질랜드의 탄생지로 마오리와 유럽 문화가 혼합된 항해 및 정치의 중심지로서 역사적으로도 의미가 있는 지역이다.

오클랜드 Auckland

뉴질랜드의 최대의 도시이자 경제 중심지, 교통의 허브인 오클랜드는 인구 약 150만 명으로 뉴질랜드에서 가장 많은 인구가 사는 도시이다. 오클랜드 도심에는 화산 분화로 형성된 이든 산의 분화구를 둘러볼 수 있다. 마이랑이 해변이나 브라운스베이 해변에서 한가롭게 산책을 하다 일광욕과 해수욕을 즐길 수도 있다.

타우랑가 Tauranga

수출의 본고장인 타우랑가는 베이 오브 플렌티에서 가장 큰 도시이자 가장 빠른 속도로 인구가 늘어나고 있는 도시이다. 대표적인 관광지로는 공원과 동물원에서 힐링하기 좋은 멕라렌 폴즈, 몸 속 가득 피톤치드로 채우기 좋은 카이마이 마마쿠 산림공원, 푸케토키 보존지역 등이 있어 빼어난 자연 경관을 만끽하기 좋다.

바다의 품에 안겨서 살아보세요!
오직 바다에서만 인간은 독립을 누릴 수 있습니다!
이곳에서 나는 어떤 지배자도 인정하지 않습니다!
여기서는 누구나 자유롭습니다!

쥘 베른 〈해저 2만리〉 중

AUSTRALIA & NEWZEALAND

Eden, Australia

PRINCESS
ROYAL PRINCESS

2013년 6월 운항을 시작한 프린세스 크루즈 로얄호는 프린세스 크루즈가 보유하고 있는 선박 중 가장 규모가 큰 14만톤급 선박이다. 10년 넘게 운행한 배이지만 2018년모에 보수작업을 진행해 최신식 시설을 갖추고 있다. 로얄 프린세스 호는 승객들에게 매일 즐거움을 제공하는 거대한 아트리움인 '피아자'를 비롯해, 바다위를 걷는듯한 경험을 안겨주는 씨워크, 최대 규모의 스파시설과 성안 전용 시설 생츄어리 등을 선보이며 전세계 크루즈 비평가 및 전문 매체로부터 다양한 상을 수상하기도 했다.

Numbers

142,229 톤
총 톤수

3,560 명
총 승선객

19 층
층수

1,346 명
총 승무원

330 m / **47** m
길이/너비

1,780 개
총 객실수

2013 년 **6** 월
처녀운항

로얄 프린세스 호
호주 7박 8일

	DAY1 일	**시드니** 호주 16:00
에덴 호주 09:00 17:00	**DAY2** 월	
	DAY3 화	**그레이트 오이스터 베이** 호주 14:00 18:00
포트아서 호주 07:00 17:00	**DAY4** 수	**호바트** 호주 20:30
	DAY5 목	**호바트** 호주 17:00
항해	**DAY6** 금	
	DAY7 토	**시드니** 호주 06:00 16:00

지도: 시드니, 에덴, 그레이트 오이스터 베이, 호바트, 포트아서

최고의 크루즈 선박
스페셜티 레스토랑에 빛나는
<사바티니>

출출할 때 언제든 즐길 수 있는
<월드 프레시 마켓플레이스>

다양한 예술 작품을 선상에서
즐기고 경매도 참여 가능한
<파인 아트 갤러리>

무한정 피자가 무료인
피자 전문 레스토랑
<알프레도 피자리아>

인상적인 기억을 남길
<셰프 테이블 루미니에르>

로얄 클래스의 시그니처 시설인
<씨워크>

선상의 소셜 허브로 사람들이
모이고 각종 공연이 펼쳐지는
<아트리움>

다양한 취미를 즐길 수 있는
<원형 야외 극장>

가볍게 배 채우기 좋은
<인터내셔널 카페>

매일 밤 펼쳐지는
화려한 공연의 무대
<프린세스 시어터>

아름다운 지평선을 바라보며
휴식을 취할 수 있는
<수영장>

각종 게임을 통해
운을 점쳐볼 수 있는
<카지노>

항구에 도착하려면, 우리는 항해해야 한다.
닻을 묶어서는 안 된다.
표류해서는 안 된다.

프랭클린 D. 루즈벨트

Sydney, Australia

PRINCESS
DISCOVERY PRINCESS

로스엔젤레스를 기점으로 항해하는 디스커버리 프린세스는 프린세스의 여섯 번째 로얄급 선박으로 기존의 프린세스 크루즈 선박과 같이 혁신적인 프린세스 메달리온 클래스 기술이 적용되어 객실 문을 열때나 음식 및 음료를 주문할 때나 손쉽게 이용할 수 있다. 바다에 있는 큰 발코니에서는 270도의 탁 트인 전망을 즐길 수 있고 세계적인 수준의 식사로 눈과 입이 모두 만족스러운 여행을 선사한다. 인챈티드 프린세스와 거의 비슷하지만 크루즈 전체적인 장식과 디자인이 업그레이드 됐고 일부 레스토랑이 새롭게 디자인되었다.

Numbers

145,000톤
총 톤수

3,660명
총 승선객

19층
층수

1,346명
총 승무원

330m / 38.38m
길이/너비

1,830개
총 객실수

2022년 3월
처녀운항

디스커버리 호
호주/뉴질랜드 6박 7일

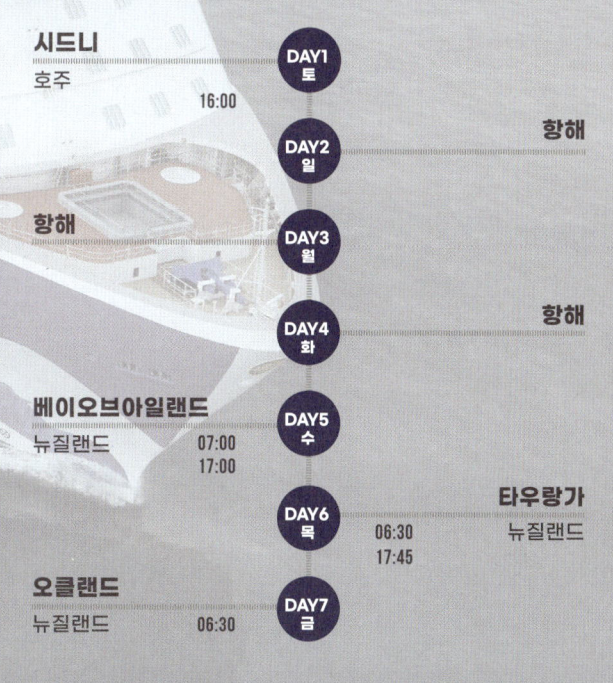

시드니 호주	16:00	DAY1 토	
		DAY2 일	항해
항해		DAY3 월	
		DAY4 화	항해
베이오브아일랜드 뉴질랜드	07:00 17:00	DAY5 수	
		DAY6 목 06:30 17:45	타우랑가 뉴질랜드
오클랜드 뉴질랜드	06:30	DAY7 금	

프린세스 크루즈의
오리지널 뮤지컬을 볼 수 있는
<프린세스 극장>

눈부신 태양 아래
여유롭게 즐기는
<메인 풀>

배의 후미에서
수평선의 멋진 전망과 수영을
<웨이크뷰>

유럽의 활기 넘치는
광장에서 영감을 받은
<아트리움>

투명 유리 다리로
바다 위를 걷는 듯한
<씨워크>

몸과 마음에 활력을 불어넣어주는
<로투스 스파>

조용한 시간을 보내고 싶다면
성인 전용 휴식 공간
<더 생츄어리>

크루즈 안에 즐기는
작은 라스베가스
<카지노>

매일 골라먹는
정찬 식사의 즐거움
<메인 다이닝>

최고의 크루즈
스테이크 하우스로 꼽힌
<크라운 그릴>

세계 각국의 음식을
골라 먹을 수 있는
<월드 프레쉬 마켓 플레이스>

라이브 재즈 공연을 들으며
칵테일을 마실 수 있는
<테이크 파이브>

09

상상 속의 낙원을 탐험하는 듯한

카리브해

카리브해 크루즈는 푸른 바다와 흰 모래, 자연의 황홀함을 만끽하는 로맨틱한 여정이다. 상상 속의 낙원처럼 아름다운 해변과 함께 신비로운 문화도 함께 즐길 수 있다.

Port Canaveral, Florida, USA

카리브해

주요 기항지

마이애미 Miami

미국에서 가장 유명한 휴양도시 마이애미는 1년 내내 온화한 기온을 유지하는 아름다운 해안으로 전 세계 관광객들이 연중 내내 찾는 명소이다. 마이애미에서는 가장 유명한 해수욕장인 사우스 비치를 비롯 미드 비치, 노스 비치 등의 바다를 꼭 방문해야 한다. 그외에도 다양한 해양 생물종을 구경하고 신기한 범고래 쇼와 돌고래 쇼를 볼 수 있는 시쿼리움, 미국의 복고풍 리조트 건축물을 볼 수 있는 아르데코 지구도 가볼만한 관광지이다.

포트 커내버럴 Port Canaveral

포트 커내버럴은 미국 플로리다주의 크루즈 항구로 하루 평균 10척의 선박이 입항하는 곳이다. 미국에서 상당히 많은 우주선을 실제 발사하고 있는 케네디 우주센터와 아름다운 바다를 즐길 수 있는 코코아 비치를 둘러보면 좋다. 또한, 올랜도와 가까워서 디즈니와 유니버설 스튜디오를 방문할 수 도 있다.

코주멜 Cozumel

코주멜은 칸쿤에서 약 70km 가량 남쪽에 위치한 아름다운 섬이다. 산 헤르바시오라는 마야 유적지가 있어 신비한 마야 왕국의 건축을 감상할 수 있다. 코주멜 섬은 세계에서 가장 스쿠버다이빙 하기 좋은 명소 중의 하나이기도 하다. 특히 서부 해안은 아름다운 바다속 풍광과 다채로운 해양 생물, 해양 액티비티를 즐길 수 있다.

조지 타운 Geoge Town

케이맨 제도는 카리브해에 있는 영국령의 섬이다. 수도인 조지타운이 자리한 그랜드 케이맨을 비롯해서 케이맨브랙, 리틀 케이맨으로 이뤄진 전 국토를 다 합치더라도 강화도보다도 작다. 스팅그레이 시티에서는 수영과 스쿠버 다이빙, 유리 보트 등을 즐길 수 있으며 케이맨브랙에서는 난차선을 볼 수 있고 리틀 케이맨에서는 블러디 베이 해양 공원 등을 둘러볼 수 있다.

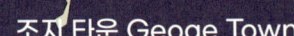

팔머스 Falmouth

자메이카는 카리브해에서 가장 이국적인 열대 섬 국가 중 하나이고 팔머스는 카리브해 해안지대에서 가장 잘 보존된 고대 도시이다. 거리 곳곳에서 볼 수 있는 조지아식 건축물과 수요일 마다 열리는 벼룩시장, 마켓 스트리트 근처에 있는 침례교 목사 사택 등을 둘러볼 수 있다. 신비로운 루미너스 라군에서 수영을 할 수도 있다.

캐스트어웨이 케이 Castaway Cay
디즈니사 소유의 디즈니 크루즈 승객만을 위한 섬이다. 크루즈선이 바로 섬 옆에 정박할 수 있어 매우 편리하며 아름다운 에메랄드빛 바다와 어린이와 어른을 위한 맞춤형 시설이 있어 가족 모두가 즐기기 좋다. 아이들을 위해서는 캐스트어웨이섬의 아름다운 자연 환경을 탐구하는 프로그램, 수상 스포츠, 아일랜드 어드벤처, 물놀이 시설 등이 있으며 가족들을 위해서는 스노클링, 카약, 패들보트, 하이킹 탐사 지역, 어른을 위해서는 옥외 카바나와 바가 있다.

퍼펙트 데이 코코 케이
Perfect Day Coco Cay
이 섬은 로얄캐리비안 크루즈의 사유 섬으로 로얄캐리비안 크루즈만이 기항할 수 있다. 이 곳은 13개의 워터슬라이드가 있는 워터파크가 있을 뿐 더러 카약, 스노클링, 스파 서비스 등을 받을 수 있는 해변 시설도 있다. 수영하다가 지치면 바로 누워서 휴식을 취할 수 있는 카바나까지 완벽하게 갖춰져 있는 그야말로 섬 전체가 놀이동산이라 할 수 있다.

세인트 토마스 Saint Thomas
미국령 버진아일랜드의 세인트 토마스는 역사를 좋아하는 사람은 물론 모험을 찾아 떠나는 사람에게도 멋진 장소이다. 매건스 베이에서 패들 보트를 타고, 맑은 바닷속을 감상하며 스노클링을 즐기고 '코랄 월드 오션 파크'에서 씨워킹으로 천혜의 자연을 온몸으로 체험할 수 있다. 중심지인 샬롯 아말리에 항구에서는 케이블 카나 스카이 라이드를 타고 전망대에 올라 섬과 도시를 한눈에 내려다볼 수도 있다.

필립스뷔르흐 Philipsburg
카리브해의 섬 신트마르턴은 네덜란드의 자치 국가로 수도는 필립스뷔르흐이다. 그레이브 베이와 1.5km 길이의 초승달 해변, 리틀베이과 케이 베이까지 아름다운 해변에서 스노클링, 스쿠버 다이빙, 글래스 보트 등 다양한 레포츠를 즐길 수 있다. 섬의 다른쪽은 프랑스령이기 때문에 네덜란드령과 프랑스령의 지역이 어떻게 다른지 비교하는 색다른 경험도 할 수 있다.

Cozumel, Mexico

가장 훌륭한 시는 아직 쓰여지지 않았다.
가장 아름다운 노래는 아직 불려지지 않았다.
최고의 날들은 아직 살지 않은 날들
가장 넓은 바다는 아직 항해되지 않았고
가장 먼 여행은 아직 끝나지 않았다.

나짐 히크메트

DISNEY
DISNEY TREASURE

디즈니 트레저는 디즈니 크루즈라인의 여섯번째 크루즈 선이자 디즈니 위시의 자매 크루즈이다. 하지만 내부 구조는 위시와는 다른 테마로 꾸며져서 비교하는 재미가 있다. 2024년 12월 카리브해 크루즈로 첫 운항이 시작되며 '디즈니 트레저'는 모험을 테마로 꾸며져 있다. 디즈니 위시의 메인 홀에 신데렐라 동상이 있다면 디즈니 트레저에는 마법 양탄자를 탄 알라딘과 자스민 동상이 있다. 또한, 정글 크루즈를 테마로 하는 <스키퍼 소사이어티> 나 해저 2만리를 테마로하는 펍등이 있어 아이와 어른 모두 모험의 세계로 초대한다.

Numbers

144,000 톤
총 톤수

4,000 명
총 승선객

15 층
층수

1,555 명
총 승무원

341 m / **41** m
길이/너비

1,250 개
총 객실수

2024 년 **12** 월
처녀운항

미녀와 야수 뮤지컬 공연을
만나 볼 수 있는
<월트 디즈니 극장>

세계적으로 유명한 정글 크루즈
명소에서 영감을 받은 라운지
<스키퍼 소사이티>

월트 디즈니가 설립된 해의
이름을 딴 화려한 레스토랑
<1923>

영화 같은 식사 경험을 제공하는
<월드 오브 마블>

멕시코 음식을 먹으며
코코 테마의 연극 식사 경험
<플라자 드 코코>

스타워즈의 세계로
들어갈 수 있는
<스타워즈 카고 베이>

미키와 미니와
함께 즐기는 물놀이
<아쿠아 마우스>

슈퍼 히어로를 직접 만나는
<마블 슈퍼 히어로 아카데미>

인피니티 풀, 바, 풀사이드
라운지가 있는 성인 전용 공간
<콰이어트 코브>

고전 동화 속 배경이 살아 움직이는
공간으로 들어갈 수 있는 공연장
<페어리테일 홀>

나는 머나먼 것들을 끊임없이 동경하고 갈망하는 사람이다.
나는 금단의 바다를 항해하고 야만인의 해안에 상륙하는 것을 좋아한다.

허먼 멜빌 〈모비딕〉 중

Saint Thomas, USA

ROYAL CARIBBEAN
ICON OF THE SEAS

약 25만 톤 급의 아이콘호는 '아이콘클래스(Icon Class)'의 첫 번째 크루즈선으로 2024년 1월 운항을 시작하는 배이다. 현재 세계 최대 크루즈인 로얄 캐리비안 크루즈의 오아시스 클래스를 뛰어넘는 규모로 스릴 넘치는 각종 액티비티와, 세계적 수준의 식사 및 늘 즐거움을 주는 엔터테인먼트 등등 승객들의 만족도를 높일 다채로운 시설 역시 갖추고 있다. 연료 전지 기술이 적용된 크루즈 라인 최초의 선박으로 가장 깨끗하게 연소하는 해상 연료인 액화천연가스(LNG)로 구동되어 지속 가능한 선박의 모습을 보여준다.

Numbers

248,663 톤
총 톤수

5,610 명
총 승선객

20 층
층수

2,350 명
총 승무원

364 m / **48** m
길이/너비

2,805 개
총 객실수

2024 년 **1** 월
처녀운항

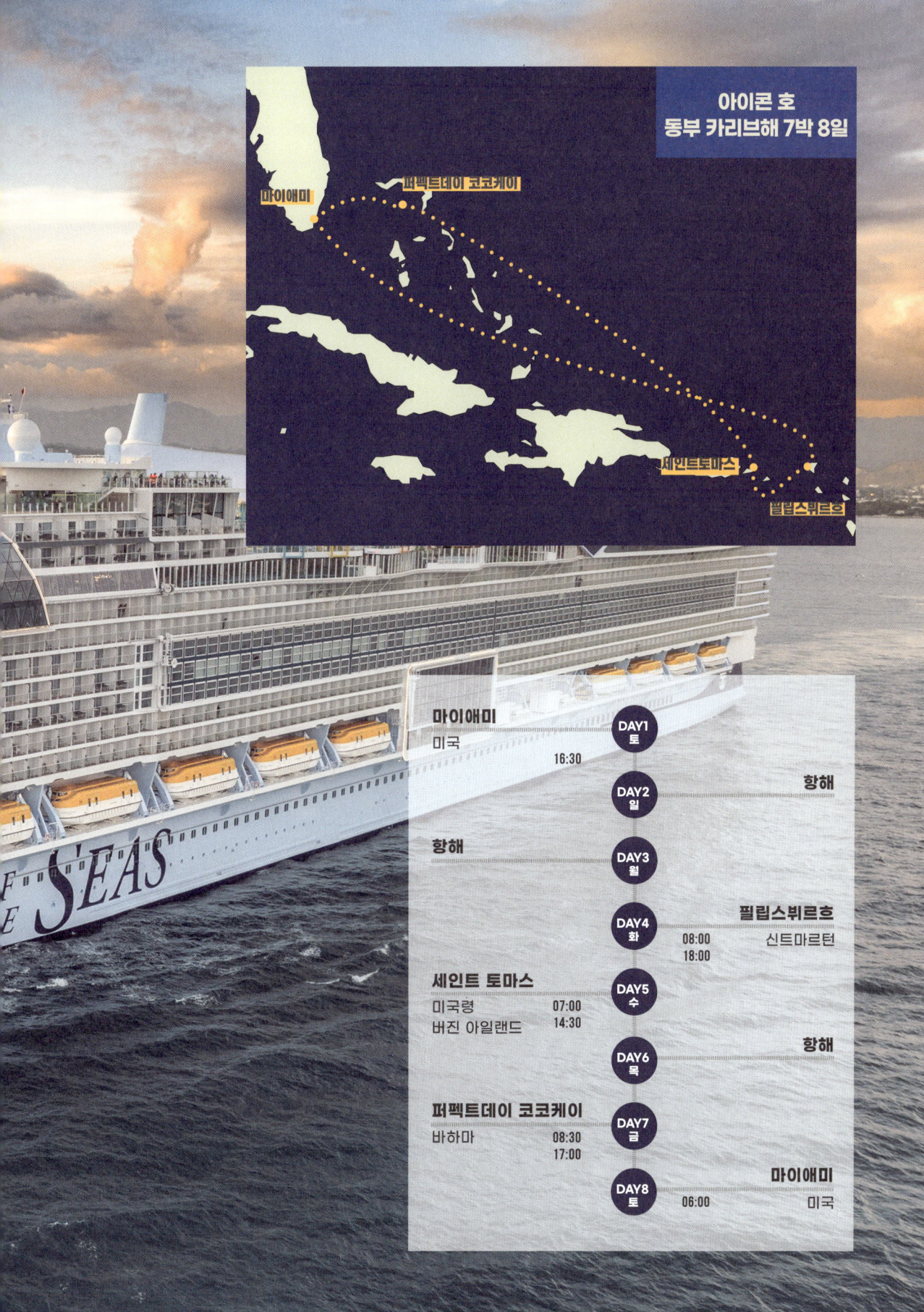

십대들을 위한 휴식 공간
<소셜 020>

전문 강사의 가이드 아래 경험해 볼 수 있는
<암벽등반>

수영을 하며 한잔의 여유를 즐기는
<스윔&토닉>

24시간 커피, 스낵, 샌드위치를 제공하는
<펄 카페>

최상단에 위치한 아이콘호의 시그니처 공간
<아쿠아돔>

온가족을 위한 특별한 공간
<서프사이드>

바다에서 가장 큰 수영장
<로얄 베이 풀 & 더 코브 풀>

아름다운 경치와 수영을 동시에
<하이드어웨이 풀>

바다 위 약 47미터 높이에서
스카이워크를 체험할 수 있는
<크라운 엣지>

로얄캐리비안 크루즈쉽 중 가장
큰 아이스 링크
<앱솔루트 제로>

유리 돔 캐노피 아래에서
즐거운 시간을 보낼 수 있는
<트렐리스 바>

바다에서 가장 큰 워터파크
<카테고리 6>

10 얼음으로 뒤덮인 해안선의 환상적인 풍경

알래스카

알래스카 크루즈는 얼음 미로와 새하얀 빙하, 그리고 야생 동물의 속삭임을 만날 수 있는 감동적인 여행이다. 시끄럽고 복잡한 도심에서 벗어나 평화로움이 어우러진 신비롭고 감성적인 여정이 될 것이다.

알래스카

주요 기항지

01
시애틀 Seattle

미국에서 15번 째로 큰 도시이자 미국 북서부의 수도인 시애틀은 세계 항공 우주 산업의 핵심 "보잉"을 비롯한, "아마존" 등의 기업이 있어 대기업의 탄생지로도 유명하다. 시애틀에서 가장 유명한 농산물 시장인 퍼블릭 마켓에서는 생선 가게, 의류, 각종 예술품을 구경할 수 있다. 야경을 보기 위해서는 시애틀 랜드마크인 스페이스 니들과 캐이 파크에 가는 게 좋다.

02
빅토리아 Victoria

빅토리아는 브리티시 컬럼비아주의 주도로 미국과 캐나다의 노년층이 여생을 보내고 싶다고 손꼽는 아름답고 여유로운 도시이다. 빅토리아에서의 체류시간은 길지 않아 버스를 타고 20분 정도 이동하면 도착하는 '부차스 가든'을 방문해 둘러보는 게 좋다.

03
케치칸 Ketchikan

알래스카 최남단에 있는 케치칸은 알래스카에서 4번째로 큰 도시이다. 알래스카 기항지 모두 연어로 유명하지만 케치칸은 세계 연어의 수도로 불린다. 크릭스트리트에서 다양한 연어 요리와 통조림, 기념품을 구경할 수 있다. 작은 선박을 타고 해양동물을 관찰하거나 '미스티 피오르드 국립 기념물'에서 아름다운 피오르드 암벽을 볼 수도 있다.

04
스케그어웨이 Skagaway

북풍이 불어오는 곳이라는 인디언 말에서 유래한 도시 스캐그어웨이는 인구 약 천명이 살고 있는 아주 작은 도시다. 스캐그웨이에서는 화이트 패스 열차가 유명해서 도시 곳곳에서 철로를 볼 수 있는데 시간대가 다양하다. 캐나다 유콘까지 가는 왕복 코스가 3시간 30분이라 크루즈 여행자도 부담없이 다녀올 수 있다.

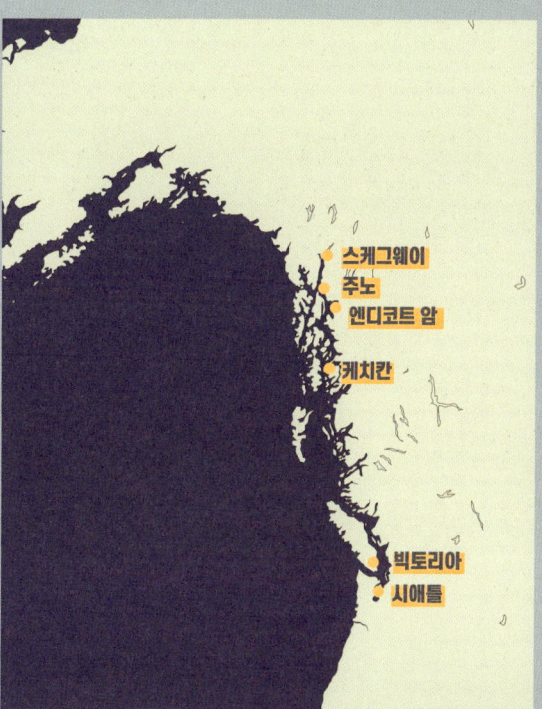

05
엔디코트 암 Endicott arm

엔디코트암 협만은 주노 남쪽에 위치한 알래스카 빙하 피오르드의 하나로 유빙들을 가까이에서 생생하게 볼 수 있는 곳이다. 엔디코트암은 기존의 기항지와 달리 크루즈에서 내리지 않고 갑판이나 발코니 객실에서 편안하게 풍경을 바라보는 '씨닉 크루징'이 진행된다.

06
주노 Juneau

알래스카의 핵심 도시인 주노는 19세기 초 금광시대에 건축된 화려하고 오래된 건축물들이 현대식 건물과 어우러져 있어 이색적인 풍경을 자아낸다. 도심에서는 주 청사와 성 니콜라스 러시아 정교회, 박물관 등을 볼 수 있고 도심에서 조금만 이동하면 멘델홀 빙하를 만나 볼 수 있다.

바다는 한 번 마법을 걸면
경이로움의 그물에 사람을 영원히 가둬버린다.

자크 쿠스토

Endicott arm, Alaska, USA

PRINCESS
MAJESTIC PRINCESS

2017년 운항을 시작한 프린세스 크루즈 마제스틱호는 총 3,500명을 수용할 수 있는 객실을 갖추고 있고 80% 이상 객실에 발코니가 설계돼 있어 바다를 감상하기 좋다. 선내에 5개의 무료 정찬 식당과 미슐랭 스타 셰프의 요리를 먹을 수 있는 각종 스페셜티 레스토랑이 있고 사우나, 수영장, 가라오케, 피트니스 센터 등 다양한 부대 시설이 운영된다. 또한 크루즈 이용자들의 즐거움을 위해 다채로운 선상 프로그램도 운영되는데 요리, 운동, 댄스 클래스와 각종 체험 프로그램이 있으니 취향에 맞는 좋은 시간을 보낼 수 있다.

Numbers

134,000 톤
총 톤수

3,560 명
총 승선객

19 층
층수

1,346 명
총 승무원

330 m / **38** m
길이/너비

1,780 개
총 객실수

2017 년 **3** 월
처녀운항

시애틀 미국 15:00	**DAY1** 일			
	DAY2 월	항해		
케치칸 미국　06:30 　　　　15:00	**DAY3** 화			
엔디코트 암 미국　05:00 　　　　09:00	**DAY4** 수	12:00 21:00	주노 미국	
스케그웨이 미국　06:00 　　　　17:00	**DAY5** 목			
	DAY6 금	항해 미국		
빅토리아 캐나다　19:00 　　　　23:59	**DAY7** 토			
	DAY8 일	07:00	시애틀 미국	

**마제스틱 프린세스 호
알래스카 7박 8일**

미슐랭 셰프의
정통 프랑스 요리를 만드는
<라메르>

신선한 주스를 먹을 수 있는
<주스바>

노래 솜씨를 뽐낼 수 있는
<가라오케>

이탈리아 칵테일 바
<벨리니>

인상적인 기억을 남길
<셰프 테이블 루미니에르>

로얄 클래스의 시그니처 시설인
<씨워크>

바다에 빠지다, 크루즈에 빠지다

LOVE IN CRUISE

초판 1쇄 발행 2024년 5월 1일

글 송규원, 캡틴 루크
기획 무빙시티
이메일 traveldesigner@naver.com

펴낸곳 전기장판
출판등록 제2020-000021호

사진 제공 디즈니 크루즈 라인, 로얄캐리비안크루즈 라인, 버진 보야지 크루즈, 프린세스 크루즈 한국지사, MSC 크루즈 라인, NCL 크루즈 라인
협찬 드림투어

이 책의 저작권은 무빙시티에 있으며 무단 전재 및 복제를 금합니다.
© 무빙시티, 2024

ISBN 979-11-980304-6-7

본 책에 소개된 크루즈 일정과 코스는 선사의 사정에 따라 변경될 수 있습니다.
무빙시티 네이버 블로그에서 구체적인 일정과 최신 정보를 확인하세요.

무빙시티 네이버 블로그 바로 가기